Silvio Costta

ANTIBULLYING

Uma nova estratégia para aprender e prevenir

Dados Internacionais de Catalogação na Publicação (CIP)
(Câmara Brasileira do Livro, SP, Brasil)

Costta, Silvio
    Antibullying : uma nova estratégia para aprender e prevenir / Silvio Costta. – São Paulo : Paulinas, 2011.

    Bibliografia
    ISBN 978-85-356-2805-0

    1. Adolescentes   2. Bullying   3. Comportamento agressivo   4. Conflito interpessoal   5. Psicologia aplicada   6. Relações interpessoais   7. Violência   I. Título.

11-03514   CDD-158.2

Índice para catálogo sistemático:
    1. Bullying : Pessoas difíceis : Relações interpessoais :
        Psicologia aplicada   158.2

1ª edição – 2011
1ª reimpressão – 2014

Direção-geral: *Bernadete Boff*
Editora responsável: *Maria Alexandre de Oliveira*
Assistente de edição: *Rosane Aparecida da Silva*
Copidesque: *Mônica Elaine G. S. da Costa*
Coordenação de revisão: *Marina Mendonça*
Revisão: *Ana Cecilia Mari*
Assistente de arte: *Sandra Braga*
Gerente de produção: *Felício Calegaro Neto*
Projeto gráfico: *Wilson Teodoro Garcia*
Ilustrações do tabuleiro: *Jótah*

Nenhuma parte desta obra poderá ser reproduzida ou transmitida por qualquer forma e/ou quaisquer meios (eletrônico ou mecânico, incluindo fotocópia e gravação) ou arquivada em qualquer sistema ou banco de dados sem permissão escrita da Editora. Direitos reservados.

Paulinas
Rua Dona Inácia Uchoa, 62
04110-020 – São Paulo – SP (Brasil)
Tel.: (11) 2125-3500
http://www.paulinas.org.br
editora@paulinas.com.br
Telemarketing e SAC: 0800-7010081
© Pia Sociedade Filhas de São Paulo – São Paulo, 2011

Sumário

O que é bullying 5

Os primeiros estudos 6

Bullying unissex 6

Alvos do *bullying* 7

Ciberbullying 9

Dicas aos professores 9

Dicas aos pais 11

Uma proposta de diálogo – O jogo *antibullying* 12

Bibliografia 35

O que é *bullying*

A origem da palavra é derivada do verbo inglês *bully*, que significa o uso da superioridade física para intimidar alguém. Também descreve atos de violência física ou psicológica, intencionais e repetitivos, praticados por um indivíduo (*bully*: valentão ou brigão) ou um grupo, cujo objetivo é amedrontar as vítimas sem que haja uma justificativa para isso.

Ações

Os adjetivos associados ao *bullying* são variados, como: agredir, amedrontar, assediar, aterrorizar, discriminar, divulgar apelidos, dominar, encarnar, excluir do grupo, fazer sofrer, ferir, gozar, humilhar, ignorar, isolar, intimidar, ofender, perseguir, zombar, entre outros. Essas ações, provocadas por uma ou mais pessoas, têm a intenção de expor ou vitimar alguém repetidamente, de forma negativa e intencional, sem que haja um motivo.

Visto como uma modalidade de violência física, verbal ou psicológica, esse fenômeno ocorre principalmente nas escolas, em qualquer parte do mundo, tanto em países ricos como nos pobres. Não existe distinção de classes, havendo um completo desrespeito com relação às diferenças pessoais.

Diversamente de uma discussão qualquer, intriga ou briga, o *bullying* se distingue pela ação violenta do mais forte ou mais velho – ou de um grupo – sobre o mais fraco. Usualmente, essa pessoa ou grupo se faz valer de violência gratuita, com gozações, ofensas repetitivas, assédio físico e moral. Esse conjunto de atitudes agressivas e intencionais muitas vezes ocorre sem uma motivação evidente, o que revela certa maldade ao se tentar impor um tipo de poder. Como efeito, o assédio de um praticante de *bullying* sobre sua vítima, com a intenção de intimidá-la, física ou psicologicamente, pode causar dor, angústia e sofrimento.

Os primeiros estudos

Mais conhecido nos dias de hoje e muito discutido no ambiente educacional e na vida social, o *bullying* não tem uma data específica de início – uma vez que a formação de grupos existe há milhares de anos. Sendo uma das inúmeras manifestações das relações sociais está ligado, principalmente, aos grupos formados nas escolas; conclui-se, portanto, que desde o princípio da educação, em sua base de formação enquanto escola, há casos de *bullying*.

Porém, apenas na década de 1970 os estudos relacionados à questão tornaram-se latentes. O professor Dan Olweus, da Universidade de Bergen, na Noruega, preocupado com o aumento da violência em escolas da região da Escandinávia, especificamente na Noruega e na Suécia, e mais tarde na Europa, foi um dos primeiros a investigar o fenômeno sob o ponto de vista do comportamento social. Através de suas pesquisas, ele conseguiu coletar dados significativos sobre as possíveis características, manifestações e ocorrências do fenômeno. Seus estudos só ganharam maior importância e repercussão quando alguns casos de *bullying* chegaram a culminar em mortes por suicídio, gerando medo e grande preocupação em pais, bem como uma discussão mais ampla sobre o assunto.

Bullying unissex

Homens

A prática do *bullying* acontece mais entre o sexo masculino, seja com meninos, seja com rapazes. A intimidação do mais velho ou mais forte sobre uma vítima mais frágil pode variar entre a violência física e o uso de zombarias, apelidos e intimidações. Através da exposição da força e da coerção, o objetivo do elemento transgressor e ofensivo é a tentativa de liderar um grupo ou os que o cercam. A recorrência dessa prática é o que caracteriza o *bullying* entre as várias faixas etárias do universo masculino.

Mulheres

Entre as meninas ou moças, envolve principalmente ações de difamação e exclusão. Seja por inveja – muitas vezes do

ponto de vista intelectual, quando a vítima se sobressai por emitir opiniões na sala de aula, ou por ser nova no grupo ou, ainda, por chamar a atenção através da aparência –, seja aleatoriamente, sem motivo aparente. Nesses casos, o mais comum são os apelidos, as difamações morais com criação de histórias para denegrir a imagem, ameaças pessoais e virtuais, sendo a incidência de casos de violência menores do que dos grupos masculinos.

Alvos do *bullying*

Os principais alvos são alunos que possuem características diferenciadas, sendo vistos pela turma como "estranhos" ou esquisitos. Geralmente são tímidos, passivos, quase submissos e carregam certa impressão de temor no olhar. Eles têm dificuldade de se expressar por conta da timidez e não conseguem desenvolver um relacionamento fácil, demandando mais tempo para isso. Outras diferenças podem estar em sua opção sexual, religião, aparência física, forma de linguagem, uso de aparelhos corretivos, ou ainda os que se destacam da maioria por conta de seu desempenho escolar superior. A vítima do *bullying* muitas vezes acaba sendo excluída de um grupo ou até mesmo se excluindo, por temer agressões e exposições ao ridículo, por sentir-se fragilizada ou por não ter segurança de revelar o problema sofrido. Assim, pode apresentar problemas psicológicos e ter alterações em seu comportamento (mais detalhes em "Dicas aos pais"). Seu estado natural é modificado, e o medo de expor e sofrer novas agressões cresce à medida que o tempo passa e nenhuma atitude é tomada. Um sentimento de inércia pode tomar conta de sua personalidade e afetar o seu rendimento escolar. Na maioria das instituições escolares, as relações que se estabelecem nesse universo estudantil envolvem geralmente apelidos, agressões, humilhações e outras formas de intimidação; tal comportamento, de certo modo, é um processo corriqueiro em que há reuniões cotidianas de grupos por períodos longos. Porém, o que caracteriza essas ações por *bullying* é sua repetição para com alunos específicos, bem como suas características particulares.

Os três papéis

Nas questões relacionadas ao *bullying* e suas práticas existem três papéis: a vítima, que é quem sofre as agressões repetitivas; o agressor, que é aquele que pratica a ação sobre as vítimas; e o espectador, o qual assiste ao assédio ou às agressões sobre a vítima. O espectador tem comportamentos distintos: existe aquele que não manifesta apoio a quem sofre e, não raro, compactua com o agressor, muitas vezes achando divertidas as investidas agressivas; há o que prefere fingir que não está vendo o colega ser intimidado nem se manifesta; e, ainda, há aquele que também é intimidado pelo agressor e se cala por temer por sua integridade física. Nesses três papéis – vítima, agressor e espectador –, cada um possui características próprias.

As características

A vítima: costuma não ser muito sociável e geralmente é tímida; diferencia-se dos demais pela aparência física (peso, altura, raça) e comportamento – não raro, seu desempenho escolar é fator de destaque –, além da religião ou até da situação financeira. A vítima, quando agredida, torna-se ainda mais insegura e retraída, passando a ser, assim, alvo fácil para o seu agressor. Ela sente na pele os efeitos dos maus-tratos do *bullying* e pode tornar-se uma pessoa angustiada, desenvolver ansiedade extrema, ter transtornos de pânico, depressão, além de inúmeros problemas psicossomáticos.

O agressor: praticante de *bullying*, tem o objetivo de provocar mal-estar em sua vítima, intimidando-a para obter controle sobre ela. Esse comportamento pode ocorrer repetidamente, de modo isolado ou não. O agressor ou provocador, na maioria das vezes, é aquele que implica com os outros, faz o tipo valentão e tem necessidade de se destacar perante as pessoas. Essa falta de equilíbrio faz com que ele aja com violência física ou verbal sem motivo aparente. Como mencionado, esse comportamento pode ocorrer pela necessidade de o agressor autoafirmar-se por meio do controle de um grupo, procurando liderá-lo e ser temido (detalhes, a seguir, em "Dicas aos pais").

O espectador: geralmente é testemunha dos fatos ou das ocorrências de *bullying*. Por estar no papel de observador, nem sempre deixa de ter importância sobre os três papéis; ao contrário, ele é parte da engrenagem do conflito – sua atitude passiva ou ativa diante da ação pode determinar a continuidade ou não do abuso. Para se ter uma ideia, em muitos casos é o espectador quem motiva o agressor a desenvolver a sua prática cruel. Quando não, o espectador se cala ou se isenta de envolvimento e, de algum modo, através deste ato, incentiva o agressor a praticar o *bullying*.

Ciberbullying

Esta modalidade de assédio surgiu com a internet e ganhou espaço nas comunidades virtuais, aumentando ainda mais o transtorno às vítimas. O ambiente virtual favorece o anonimato dos agressores e os casos mais comuns são os de difamação. No Brasil, sua ocorrência vem crescendo assustadoramente, o que é considerado preocupante por especialistas, uma vez que o anonimato em tal ambiente ajuda o agressor a ampliar a sua carga de crueldade e prazer em expor a quem ele bem desejar. Nesse meio, o número de agressões aumenta e deixa de ser ocasional, como no contato pessoal. Muitas vezes, usando de um perfil falso em sites de relacionamento para evitar a sua identificação real, o agressor faz a vítima se sentir mais vulnerável, pois, sem poder descobrir a fonte da difamação, se sente impotente e indefesa. Nesse caso, a modalidade virtual difere do *bullying* convencional, porque o agressor não é identificado com o mais forte ou com aquele que quer chamar a atenção, mas sim com quem tem prazer em fazer mal ao outro, independentemente de sua condição física ou grupal.

Dicas aos professores

É importante que os educadores tratem a questão do *bullying* com bastante seriedade, encarando o tema com a profundidade necessária, pois o fenômeno compreende um processo de transformação social e seu estudo está em constante fase de observação e pesquisas. Além de abordar questões muito mais genéricas

que abrangem os hábitos arraigados na cultura de cada povo e sua base, o estudo para combater o *bullying* também se norteia pela ética e pela construção pessoal de cada ser envolvido.

Para tanto, desenvolvemos a seguir algumas dicas que podem auxiliar o trabalho do professor de orientar o comportamento dos alunos e de tratar o assunto durante e após as aulas.

- Incentive a colaboração dos alunos nos aspectos gerais da escola e evite a concorrência entre eles; não faça, de forma enfática, comparativos entre o que cada um realiza a mais ou deixa de realizar, pois tal atitude não ajuda na condução do diálogo e da convivência em sala de aula, além disso, desperta o convencimento de alguns e a inveja de outros.

- É necessário que haja o envolvimento de todos que convivem dentro da escola e mais ainda das pessoas que formam o conjunto educacional: educadores, família e comunidade.

- Trabalhe dia a dia no sentido positivo de valorizar as diferenças que cada um traz enquanto ser humano, aluno e cidadão, para que, através da troca de experiências, se encontre o princípio mútuo de respeitabilidade.

- Divida experiências de respeito e cordialidade sem necessariamente expressar o conteúdo como lição, e sim através de um tratamento natural. Discuta a questão do *bullying* sem precisar qualificar ou desqualificar ninguém com um discurso pronto que supostamente resolve tudo. Procure estimular o aluno para que ele se conscientize, em suas reflexões, do que é certo ou errado.

- Com o tema discutido, procure estimular e desenvolver as informações através de encontros entre pais e alunos com palestras, debates, peças de teatro e até um encontro para jogar *antibullying*.

- Informe-se sobre órgãos que combatem a prática do *bullying* e incentive seus alunos a desenvolver tais pesquisas; conhecer ONGs e participar de seminários sobre o tema será muito importante para a construção do conhecimento deles.

Dicas aos pais

"Meu filho é vítima"

O *bullying* causa transtornos a suas vítimas e esses transtornos envolvem uma série de fatores preocupantes, pois muitas vezes aqueles que sofrem não revelam a sua família o que está acontecendo. O diálogo entre os pais e a escola deve ser constante, porém é sempre bom observar o comportamento dos filhos para poder dar início a uma discussão.

Algumas dicas a seguir sobre o comportamento das vítimas de *bullying* também podem ajudar:

- O aluno que é vítima, não raro, pode demonstrar desinteresse em ir para a escola sem motivo convincente.
- Sente certo mal-estar, quando se aproxima o horário de ir para a escola.
- Sem razão aparente, começa a pedir constantemente para mudar de escola.
- Não quer mais ir nem voltar sozinho da escola e vive mudando com frequência o caminho para chegar à casa.
- Começa a apresentar baixo rendimento escolar, se comparado ao modo normal de seu aprendizado.
- Aparece em casa com roupas rasgadas, materiais destruídos, ou com escoriações, sem contar uma história convincente.
- Muda de comportamento e aparenta estar triste, deprimido e, em outros momentos, angustiado.
- De vez em quando perde dinheiro ou objetos pessoais.

"Meu filho é agressor"

Em alguns casos os pais descobrem ou são informados que seu filho age como agressor, ou seja, está praticando *bullying*. Os problemas relacionados a isso não devem ser ignorados. Por isso, alguns procedimentos são sempre recomendáveis:

- O diálogo é a melhor saída; uma boa conversa pode ser o início da resolução de um problema sério como o *bullying*.
- Procure manter a mais plena e absoluta calma; demonstrar nervosismo nesse momento não vai ajudar.

- Não ignore a situação, deixando bem claro que você está ciente das ocorrências. Manifestar carinho numa conversa séria é importante, mas é preciso ser sincero e firme ao dizer que não aprova a situação é essencial.
- Tente saber o porquê das ações de seu filho e o que pode fazer para ajudá-lo.
- Caso haja consentimento de seu filho, entre em contato com a escola e tente, com a ajuda de professores, funcionários e amigos, entender a situação e resolvê-la.
- Procure estabelecer certos limites e destaque algo positivo em seu filho para posicionar uma relação que melhore a autoestima dele.

Uma proposta de diálogo – O jogo *antibullying*

Como vimos anteriormente, o Bullying é um fenômeno mundial. Atinge todas as classes, todos os sexos e se concentra principalmente nas escolas. Está calcado nas relações pessoais e na convivência desses agentes sociais. Envolve uma série de questões que estão arraigadas a comportamentos, a culturas e à formação ética e moral. Diante da complexidade, surge a inevitável questão: o que podemos fazer para evitá-lo?

Muitos especialistas e livros de apoio psicológico e pedagógico têm-se empenhado para tentar solucionar o problema. Entre as soluções está a observação de seus praticantes e vítimas, com o uso constante do diálogo como ponto crucial, bem como a discussão sobre questões morais e éticas, para que, através do uso da reflexão, se encontre alguma forma de coibir atitudes que possam prejudicar o ser humano, em especial o estudante, seu desenvolvimento pessoal e desempenho escolar.

Como proposta diferenciada para auxiliar nesse diálogo, surge o jogo *antibullying*, com o objetivo de inserir o aluno no tema. Trata-se de um jogo de tabuleiro que tem como cenário as dependências de uma escola, onde a maior parte dos casos de *bullying* acontece. Seu objetivo é fazer os alunos aprenderem e

discutirem sobre o problema, além de desenvolver conceitos de ética e convivência social.

O conceito do jogo cria situações que desenvolvem o ato da reflexão sem que o jogador se sinta intimidado com sua condição. De modo prático e divertido, viabiliza o mecanismo do diálogo, pois, do modo como foi elaborado e suas regras foram criadas, há uma função lógica para que as peças se movam. Isso faz com que o jogador, ao ler cada carta, desempenhe os principais papéis dentro do fenômeno *bullying* (vítima, agressor e espectador), exercendo essas trocas enquanto discute a questão; além de conhecer um pouco mais sobre a importância da escola na história da educação, das atividades físicas e alimentares, valorizando efetivamente o pensar, através da literatura e das questões de ética, sem perder, é claro, o conceito de qualquer jogo, que é divertir.

Como a proposta é que tal atividade seja desenvolvida nas escolas, seguem algumas informações úteis aos professores na hora de praticá-la:

- Antes de iniciar a partida é necessário que o educador tenha em mente que o objetivo do jogo *antibullying* é servir como uma ferramenta inicial de debate sobre o fenômeno, e não apontar culpados (agressores) ou expor vítimas ou espectadores. Por isso, evite arrumar exemplos na hora do jogo. Caso haja algum comentário, não estimule, deixe o aluno refletir por si só em um primeiro momento.

- Ao utilizar o jogo e seu mecanismo procure debater o tema de modo consciente, com o intuito de analisar o contexto cultural e as questões que envolvem os problemas relacionados na sala de aula e na escola, obviamente direcionando o assunto ao meio e à realidade que os alunos vivenciam.

- Pratique o jogo *antibullying* com os alunos em períodos tranquilos; motive-os a jogar e discutir as questões. Lembre-se: não existe fórmula mágica para solucionar o fenômeno *bullying*; a construção do entendimento do problema passa pelo seu conhecimento, e o diálogo é fundamental em todos os casos.

- O jogo *antibullying* pode ser usado para um diálogo inicial entre o educador e o aluno agressor, vítima ou es-

pectador, que estiver envolvido no problema. Em vez de investir diretamente na questão, o educador pode propor uma partida de *antibullying* e ainda contar com algum convidado, se necessitar.

- O jogo *antibullying* pode ter a participação de até quatro pessoas, mas nada impede que você monte grupos com número superior (no caso, dividir turmas de alunos que se revezariam como jogadores, por exemplo, quatro duplas), conforme a necessidade de diálogo e dos objetivos pedagógicos. Uma boa estratégia é fazer a apresentação do jogo a sua turma, o que pode deixá-la mais curiosa em relação à dinâmica e à participação.

- Já nas primeiras partidas, estimule seu aluno a refletir sobre o jogo e seu conteúdo. Trabalhos sobre o tema, como pesquisas, leituras, colagens e até a criação de outros jogos, podem auxiliar no desenvolvimento ou na mudança de atitudes.

Público-alvo

Recomendável jogar com crianças a partir dos 10 anos de idade (a depender do nível cultural e da formação pessoal). As experiências realizadas pelo autor foram feitas com alunos a partir da 5ª série do Ensino Fundamental e progressivamente associadas a jovens de outras faixas etárias, chegando aos alunos do Ensino Médio, até os 16 anos.

As regras do jogo

Participantes: pode ser jogado com até quatro participantes.

Cartas numeradas de "1 a 6": o jogo possui duas modalidades de cartas numeradas para movimentar as peças. Numa modalidade (e uma cor específica) tem seis cartas com algarismos de 1 a 6. Com essas cartas o jogador se movimenta pelo tabuleiro em lugares que não possuem a Zona de Debate.

Cartas numeradas de "1 a 3": nessa outra modalidade (outra cor) o jogador utiliza três cartas marcadas com algarismos de 1 a 3. Com essas cartas o jogador se movimenta pelos espaços da Zona de Debate *Bullying* e da Zona de Debate Ética (o objetivo

da troca de cartas em Zonas de Debate é estimular a inversão de papéis dos jogadores, para melhor discutirem as questões).

Jogando e ganhando cartas: as cartas estão armazenadas em dois estojos com um organizador por nome de cartas. Ao cair na casa correspondente, o jogador recebe uma carta com as normas ou dicas e informações sobre *bullying*, e, através desta, que marca pontos, pode ganhar ou perder pontos no decorrer da partida.

Iniciando a partida: misturam-se as cartas numeradas de 1 a 6 e cada jogador escolhe uma (sem ver o número correspondente). O jogador que tirou a carta com o maior ou menor valor – fica a critério de quem está jogando – é o primeiro a começar o jogo, e os demais seguem a ordem crescente ou decrescente, conforme o modo escolhido. Definida a ordem, é iniciada a partida e o jogador deve mover as peças sobre o tabuleiro conforme o número sorteado de uma das cartas, numeradas de 1 a 6. As peças para movimentar o jogo são coloridas para diferenciar os jogadores (total de quatro peças, nas cores amarelo, azul, verde e vermelho).

Como termina a partida: o jogo pode ser encerrado em até uma rodada (a depender do número de participantes), e o jogador que acumular mais pontos é o vencedor. Os pontos são acumulados de acordo com as cartas que o jogador recebe em cada casa por onde ele passa. No final das casas do tabuleiro o jogador encontra a casa *Check-up* ou *Final do jogo*. Ao chegar a esta casa, ou passar por ela, poderá encerrar a partida fazendo a contagem dos pontos marcados nas cartas. Após a contagem dos pontos, o jogador vencedor receberá a Carta *Antibullying*, encerrando a partida. (Observação: o final do jogo ou a contagem vai depender também do tempo disponível para a realização da partida; por exemplo, se o jogo está sendo efetuado numa sala de aula, o professor ou o líder dos jogadores poderá encerrar conforme o tempo em questão.)

Jogando duas rodadas ou mais: se os jogadores quiserem continuar a partida em mais rodadas, poderão fazer uso das cartas até que as mesmas se esgotem e, depois, recolocá-las no estojo para que a partida continue; nesse caso é recomendável que os participantes anotem os pontos conquistados e perdidos para não perderem a conta.

Educativo e divertido: o jogo ainda envolve acontecimentos normais dentro de uma escola, em que o participante avança ou é obrigado a voltar. Há passeios pelo corredor, esportes nas quadras, hora do intervalo e lanche, visita ao teatro e à biblioteca, e até chamadas de comparecimento à sala de coordenação e direção, a depender, é claro, da casa em que a peça se encontra.

Participar é o mais importante: ao receber cada carta, o participante fará sua leitura para que os demais jogadores compreendam o objetivo do jogo e o conteúdo da discussão. Após a leitura da carta e a movimentação para a próxima casa, conforme o número tirado nas cartas numeradas de 1 a 6, o participante seguinte prossegue a partida. A partida pode terminar assim que os jogadores derem uma volta completa nas casas do tabuleiro. O final do jogo depende do número de participantes. Quanto menos participantes, mais voltas nas casas do tabuleiro serão dadas.

As casas do tabuleiro

O jogo *antibullying* é composto de 36 casas para serem percorridas pelos participantes, conforme o número sorteado nas cartas de algarismos. Veja a seguir o significado de cada casa pela ordem do tabuleiro do jogo e divirta-se aprendendo.

Casa Início/Matrícula: marca o início da partida e cada jogador recebe uma carta Boas-vindas. Essa carta vale 10 pontos (todos os jogadores recebem somente uma vez essa carta durante o jogo).

Casa Passeio: o aluno escolhe um dos lugares para passear na escola – quadra, pátio, biblioteca/teatro – e, depois, um número, e sorteia uma das cartas numeradas de 1 a 6; se acertar o número, ele recebe um carta conforme a sua escolha (quadra – carta Esportes; pátio – carta Esportes ou carta Alimentos; e biblioteca/teatro – carta Leitura). Estas cartas precisam estar juntas, pelo menos duas, para valer 10 pontos; sozinhas, não valem pontos.

Casa Bagunça: indica que o aluno foi pego bagunçando e ficará uma vez sem jogar. É encaminhado para a coordenação.

Casa Normas: ao cair nessa casa o jogador recebe uma carta Escolar (contém normas da escola). Essa carta é muito impor-

tante, pois funciona como curinga; sua função é anular os pontos de uma carta negativa.

Casa *Bullying*: é a casa principal do tabuleiro. Essa casa dá início à discussão sobre *bullying*; ao cair nela, o jogador recebe uma carta com explicações sobre o tema. Essa carta vale 20 pontos.

Casa Tentando a Sorte: casa Bom Amigo ou Mau Amigo; quem cai nessa casa tem o poder de escolher um amigo para jogar em seu lugar. O jogador escolhido deve fazer o sorteio com as cartas de 1 a 6 e, depois, movimentar a sua peça. O valor positivo ou negativo da casa em que a peça parar vai definir se o jogador escolhido tem um bom ou mau amigo.

Casa Visita Surpresa: tem o mesmo significado da casa Passeio. O jogador escolhe o local e tenta adivinhar o número sorteado nas cartas. Se acertar, ele ganha uma carta de sua escolha: Esporte, Leitura ou Alimentos.

As Zonas de Debate

O tabuleiro possui duas zonas de debate: a Zona de Debate *bullying* (com nove casas) e a Zona de Debate Ética (com quatro casas).

Zona de Debate Bullying

Aqui se propõe a discussão direta sobre *bullying*, com nove casas qualificando o participante com as três formas básicas como se desenvolve o *bullying*: agressor, vítima ou espectador. Em cada casa que cai, o participante recebe uma carta e, conforme a casa correspondente, esta tem valor positivo ou negativo.

Casa Zona de Debate: quem cai nessa casa deve aguardar a próxima vez e se preparar para a próxima jogada, na qual irá avançar para a Zona de Debate usando as cartas de 1 a 3, até completar o final da Zona de Debate.

(Observação sobre a casa Zona de Debate: o jogador que tirar uma carta com uma numeração que possa ultrapassar essa casa, automaticamente, recebe uma carta correspondente à casa que caiu e, na próxima jogada, segue a regra usando as cartas de 1 a 3 da Zona de Debate. Por exemplo: o jogador está a duas casas da Zona de Debate e tira uma carta número 6; automaticamente ele cairá dentro da Zona

de Debate e, em sua próxima jogada, será obrigado a usar as cartas de 1 a 3.)

Casa Agressor: o tabuleiro contém 3 casas Agressor alternadas com outras: vítima e espectador. Em cada casa Agressor o jogador recebe uma carta para ser lida e assume o papel de agressor. Essa carta faz o jogador perder 20 pontos.

Casa Vítima: o tabuleiro contém 3 casas Vítima alternadas com outras: agressor e espectador. Em cada casa Vítima o jogador recebe uma carta para ser lida e assume o papel de vítima. Essa carta vale 20 pontos.

Casa Espectador: o tabuleiro contém 3 casas Espectador alternadas com outras: vítima e agressor. Em cada casa Espectador o jogador recebe uma carta para ser lida e assume o papel de espectador. Essa carta não vale pontos.

Casa Fim da Zona de Debate: o jogador aguarda para começar os esportes na próxima rodada. A partir dessa casa, deve usar as cartas numeradas com os algarismos de 1 a 6.

Casa Esporte na Quadra: o jogador recebe uma carta Esporte. Vale 10 pontos, se em conjunto com a carta Alimentos ou Leitura.

Casa Colaborou com a Equipe: ao cair nesta casa, o jogador pode avançar três casas.

Casa Não Colaborou com a Equipe: ao cair nesta casa, o jogador deverá aguardar a próxima jogada.

Casa Não Foi Bom Esportista: ao cair nesta casa, o jogador ficará uma vez sem jogar.

Casa Bom Esportista: nesta casa o jogador é premiado com uma carta Esporte.

Casa Briga no Intervalo: o jogador ficará uma vez sem jogar.

Casa Bom Amigo: o jogador deve avançar uma casa.

Casa Hora do Lanche: o jogador recebe uma carta Alimentos.

Casa Desperdício de Alimentos: o jogador ficará uma vez sem jogar.

Casa Hora da Leitura: o jogador ganha uma carta Leitura e avança automaticamente uma casa para ingressar na Zona de Debate Ética, onde deverá usar as cartas numeradas com algarismos de 1 a 3.

Zona de Debate Ética

Fica próxima à biblioteca e propõe discussões sobre valores éticos com cartas e situações a serem discutidas. Esse setor é composto de quatro casas, dividido entre situações chamadas "Você" e "O outro".

Casa Zona de Debate Ética: o jogador deve aguardar a próxima vez e se preparar para jogar na Zona de Debate com as cartas de algarismos de 1 a 3.

(Observação sobre a casa Zona de Debate Ética: o jogador que tirar uma carta com uma numeração que possa ultrapassar essa casa, automaticamente, recebe uma carta correspondente à casa que caiu e, na próxima jogada, segue a regra usando as cartas de 1 a 3 da Zona de Debate Ética.)

Casa Você: nesta casa o jogador recebe uma carta e, após a leitura, deve responder uma pergunta (as perguntas questionam comportamentos e situações envolvendo o jogador que tirou a carta). Com essa carta, o jogador perde 10 pontos.

Casa O Outro: nesta casa o jogador recebe uma carta e, após a leitura, deve responder uma pergunta (as perguntas questionam a opinião do jogador em relação ao comportamento de outras pessoas). Esta carta vale 10 pontos.

Casa Fim da Zona de Debate: nesta casa o jogador deve aguardar a próxima vez. Na sequência, deve usar as cartas com algarismos de 1 a 6.

Casa Visita à Direção: o jogador que cair nesta casa deve usar as cartas de 1 a 6 e contar com a sorte. Se tirar um número par, deverá avançar uma casa. Se tirar um número ímpar, deverá voltar uma casa e aguardar.

Casa *Check-up*/Final: o primeiro jogador que cair nesta casa ou passar por ela terá o direito de pedir a contagem dos pontos para conferir se ganhou o jogo ou não. Quando o jogador pedir o encerramento da partida na casa *Check-up*, ele assumirá o risco da contagem e da perda do jogo. O final do jogo dependerá do número de participantes ou do tempo que os jogadores têm para jogar. Por exemplo: num jogo de 4 participantes é recomendável que a partida termine após a primeira rodada, já que o número de cartas é suficiente para isso. Jogos com menos participantes podem ser encerrados com até duas rodadas ou mais, obe-

decendo sempre à regra de encerramento vinculada ao jogador que passar primeiro pela casa nas rodadas seguintes.

Conhecendo as cartas

O jogo *antibullying* tem variadas cartas com conteúdos sobre a importância da escola, a história da educação, a importância dos esportes, da literatura, e uma série de informações a respeito do fenômeno *bullying*. O jogo é composto de 153 cartas, sendo 9 com algarismos, usadas para realizar o sorteio e movimentar as peças, e outras 144, para premiar os jogadores, realizar os debates e informar sobre o jogo. Veja a seguir a função, os valores e as cores das cartas.

Carta Boas-vindas – Matrícula ou transferência: ao iniciar a partida, cada jogador recebe uma carta Boas-vindas. Nela estão descritas as normas básicas de boa convivência escolar. Essa carta funciona como uma espécie de matrícula e tem um valor. O jogador que a possuir poderá transferir seu valor para outra pessoa fora do jogo, cedendo assim o seu lugar. Total: 8 cartas / Valor: 10 pontos/ Cor: branca.

Carta Escolar: traz informações sobre a escola, a importância dos estudos e um pouco sobre a história da escola no mundo. Funciona como uma carta curinga; vale pontos equivalentes a anular uma carta com pontos negativos. Total: 8 cartas / Valor: troca / Cor: azul-escuro.

Carta *Bullying* – Conselho: traz informações sobre *bullying*, as formas como se manifesta, os tipos de práticas e os perigos decorrentes dele. Total: 15 cartas / Valor: 20 pontos / Cor: laranja.

Cartas Zona de Debate *Bullying*: é a parte principal do jogo. A partir da entrada do jogador na Zona de Debate *Bullying*, a leitura das cartas discutirá o tema em questão. Usando cartas com números de 1 a 3, dificilmente o jogador deixará de representar alguma das situações a seguir.

Carta Agressor: tem a função de colocar o jogador no papel de agressor ou agente provocador do *bullying*. Cada cartão traz situações de tal prática. Total: 15 cartas / Valor: menos 20 pontos / Cor: vermelha.

Carta Vítima: tem a função de colocar o jogador no papel de vítima de *bullying*. Cada cartão traz situações de agressões sofridas. Total: 15 cartas / Valor: 20 pontos / Cor: azul.

***Carta Espectador*:** tem a função de colocar o jogador no papel de espectador de uma situação de *bullying*, vivida por uma pessoa ou mais, praticada por outro ou outros. Total: 15 cartas / Valor: zero ponto / Cor: amarela.

Cartas Zona de Debate Ética: a partir da entrada do jogador na Zona de Debate Ética, são propostas discussões sobre valores éticos com cartas e situações a serem discutidas por meio de perguntas e respostas.

***Carta Você*:** tem a função de discutir questões de ética, contendo uma pergunta que envolve uma situação ética pessoal. Total: 10 cartas / Valor: menos 10 pontos / Cor: preta.

***Carta O Outro*:** tem a função de discutir questões de ética, contendo uma pergunta que envolve uma situação ética vivida por outra pessoa. O objetivo é saber a sua opinião. Total: 10 cartas / Valor: 10 pontos / Cor: marrom.

Carta Esporte: tem a função de beneficiar o jogador. Traz informações sobre os esportes e sua importância, além de propor boa convivência na área esportiva dentro da escola. Total: 19 cartas/ Valor: 10 pontos. Esta carta só vale pontos se estiver junto com uma carta Alimentos ou Leitura / Cor: verde.

Carta Alimentos: tem a função de beneficiar o jogador e informá-lo sobre a importância da alimentação saudável. Total: 14 cartas / Valor: 10 pontos. Esta carta só vale pontos se estiver junto com uma carta Esporte ou Leitura / Cor: roxa.

Carta Leitura: tem a função de beneficiar o jogador e informá-lo sobre a importância da leitura. Total: 14 cartas / Valor: 10 pontos. Esta carta só vale pontos se estiver junto com uma carta Esporte ou Alimentos / Cor: cinza.

Carta *Antibullying*: é a carta que finaliza o jogo. O jogador que chegar ao final da partida e possuir o maior número de pontos recebe a carta *Antibullying*. Total: 1 carta / Valor: vencedor / Cor: dourada.

Conteúdo das cartas

Cartas Boas-vindas – Branca – Vale 10 pontos

BOAS-VINDAS: olá, você está participando do jogo *Antibullying*. Uma boa convivência escolar necessita da colaboração

de todos. Respeite as regras de sua escola, os seus amigos e todos que fazem parte dela.

(Essa é a primeira carta e tem o nome de Boas-vindas; todas as cartas têm o mesmo texto porque cada jogador só recebe uma quando se inicia o jogo).

Cartas Escolar – Azul-escuro – Vale Curinga – Anula uma carta negativa

ESCOLAR: as primeiras letras e palavras de que se tem notícia são hieróglifos (símbolos através de desenhos). Eles surgiram na região egípcia, com o povo sumério, há quatro mil anos. As primeiras lições eram passadas de pais para filhos.

ESCOLAR: graças à escrita dos sumérios (o hieróglifo), o conhecimento pôde ser registrado e passado para outras gerações, fazendo surgir assim uma ideia do que seriam as primeiras escolas. Registro e organização fazem parte da educação.

ESCOLAR: o filósofo grego Platão, por volta de 380 a.C., criou uma espécie de escola, a qual batizou de Academia. Seus alunos aprendiam filosofia e matemática, além de praticar esportes. Platão sabia: mente sã, corpo são. Escola é assim: conhecimento e saúde.

ESCOLAR: segundo a história, as primeiras escolas foram idealizadas no século IV a.C. Os mestres ensinavam gramática, poesia, oralidade, música e excelência física. Não havia salas de aulas, então, usava-se qualquer espaço disponível. Escola importante é aquela que ensina.

ESCOLAR: os primeiros professores da história foram os sofistas. Eles eram mestres que viajavam pelas cidades. Ensinavam aos nobres a arte da boa conversação e cobravam por esse trabalho. Isso aconteceu na Grécia, por volta dos séculos IV e V antes de Cristo.

ESCOLAR: as escolas parecidas com as que temos hoje surgiram na Europa, no século XII. Elas eram obras de instituições católicas e tinham o objetivo de ensinar a educação religiosa da Igreja romana. Na Idade Média, a educação era restrita aos membros da Igreja.

ESCOLAR: a primeira escola no Brasil foi fundada em 1549 por um grupo de jesuítas em Salvador, na Bahia. Essa escola ini-

cial ensinava leitura e escrita, matemática e doutrina católica. A segunda escola foi fundada em São Paulo, no ano de fundação da cidade, em 1554.

ESCOLAR: a escola é um dos principais locais onde acontecem as grandes transformações de nossa vida: o aprendizado, a convivência e principalmente a aceitação das diferenças. Infelizmente, as maiores ocorrências de *bullying* acontecem dentro de escolas.

Cartas Bullying – Cor Laranja – Vale 20 Pontos

BULLYING: ação provocada por uma ou mais pessoas com a intenção de expor ou vitimar alguém repetidamente, de forma negativa e intencional, sem justificativa.

BULLYING: diferente de uma discussão qualquer, intriga ou briga, o *bullying* se caracteriza pela ação do mais forte ou mais velho – ou de um grupo – sobre o mais fraco. Gozações, ofensas repetitivas e até violência gratuita muitas vezes são usadas nessa prática.

BULLYING: pode ser considerado um conjunto de atitudes agressivas, intencionais e repetitivas que ocorrem sem motivação evidente. Parte de um agressor com o intuito de intimidar a vítima, física ou psicologicamente. A prática do *bullying* pode causar dor, angústia e sofrimento.

BULLYING: é uma modalidade de violência física, verbal ou psicológica. Esse fenômeno ocorre principalmente nas escolas, em qualquer parte do mundo, tanto em países ricos como nos pobres. Não há distinção de classes, mas um completo desrespeito com relação às diferenças pessoais.

BULLYING: os principais alvos são alunos que têm características diferenciadas: aparência, forma de linguagem, uso de aparelhos corretivos, ou ainda os que se destacam da maioria. Essas pessoas se tornam alvos e acabam sendo discriminadas e perseguidas.

BULLYING: a pessoa que é vítima de *bullying* muitas vezes acaba sendo excluída de um grupo ou até mesmo se excluindo, por temer agressões e exposições ao ridículo, por sentir-se fragilizada ou por não ter segurança de revelar o problema sofrido.

BULLYING: pode ser descrito como: agredir, amedrontar, assediar, aterrorizar, discriminar, divulgar apelidos, dominar, encarnar, excluir do grupo, fazer sofrer, ferir, gozar, humilhar, ignorar, isolar, intimidar, ofender, perseguir, zombar, entre outras.

BULLYING: quem é vítima pode apresentar problemas psicológicos e ter alterações de comportamento, demonstrar falta de vontade de ir à escola, sentir-se mal perto da hora de sair de casa, pedir para trocar de escola e até para ser levado à escola, com medo de ser assediado.

BULLYING: o aluno que é vítima pode apresentar problemas psicológicos e sofrer alterações em seu comportamento. Pode parecer angustiado, ansioso e deprimido, ter pesadelos constantes, perder a concentração na sala de aula e repetidas vezes perder seus pertences e dinheiro.

BULLYING/CIBERBULLYING: surgiu com a internet e ganhou espaço nas comunidades virtuais, aumentando ainda mais o transtorno às vítimas. O ambiente virtual favorece o anonimato dos agressores, e os casos mais comuns são os de difamação.

BULLYING: a prática do *bullying* acontece mais entre o sexo masculino, tanto com meninos quanto com rapazes. Atos de violência, apelidos e assédios são mais frequentes. Entre as meninas envolve principalmente ações de difamação e exclusão.

BULLYING: quem é vítima deve procurar ajuda; o correto é falar com um professor ou funcionário da escola e, de preferência, ter a companhia de alguém na hora de comunicar o ocorrido. É obrigação de todos que fazem parte do corpo escolar evitar o Bullying e a sua disseminação.

BULLYING: o praticante de *bullying* tem o objetivo de provocar o mal-estar em sua vítima, intimidando-a para obter controle sobre ela. Esse comportamento pode ocorrer várias vezes, isolada ou repetidamente.

BULLYING: o agressor ou provocador geralmente é aquele que implica com os outros, faz o tipo valentão e tem necessidade de se destacar perante as pessoas. Essa falta de equilíbrio faz com que ele aja com violência física ou verbal sem motivo.

BULLYING: a escola deve ser um local de tranquilidade, bem-estar e aprendizagem. É função da escola ser um agente de combate à prática do *bullying*, para que o aluno sinta-se respeitado e tenha segurança em sua construção pessoal.

Cartas Zona de Debate **Bullying**

Cartas Agressor – Cor Vermelha – Perde 20 Pontos

AGRESSOR: você colocou um apelido desagradável em um amigo e ele não gostou.

AGRESSOR: você discriminou e humilhou um colega.

AGRESSOR: você não gosta de alguém em sua sala de aula e faz a cabeça de seus amigos para que eles também excluam essa pessoa.

AGRESSOR: você ameaça constantemente alguém mais fraco, na sala de aula, no pátio, no corredor, no banheiro e até fora da escola.

AGRESSOR: você costuma exagerar ao zombar sempre da mesma pessoa. Quanto mais percebe que ela não gosta, mais você faz.

AGRESSOR: você interrompe a fala e debocha dessa mesma pessoa, toda vez que ela quer dar uma opinião.

AGRESSOR: você posta mensagens no Orkut de certa pessoa, com palavrões, ofensas e outras formas de difamação.

AGRESSOR: você faz campanha na internet para que seus amigos menosprezem ou boicotem uma pessoa de que você não gosta.

AGRESSOR: você inventa constantemente várias mentiras sobre alguém que lhe desagrada.

AGRESSOR: você ofende com palavrões e persegue um colega só porque ele participa mais da aula do que você.

AGRESSOR: você não gosta de uma pessoa em sua sala de aula e rouba alguma coisa da bolsa dela para chateá-la.

AGRESSOR: você vive estragando o material escolar de uma pessoa que não lhe agrada.

AGRESSOR: você amedronta sempre a mesma pessoa e já percebeu que ela tem medo. Quanto mais medo ela sente, mais você tem prazer em amedrontá-la.

AGRESSOR: você gosta de bancar o valentão na frente de seus amigos, agredindo alguém.

AGRESSOR: você volta a ameaçar uma pessoa com mais agressão, se ela contar alguma coisa sobre o que está acontecendo.

Cartas Vítima – Cor Azul – Vale 20 Pontos

VÍTIMA: alguém lhe chama constantemente por um apelido de que você não gosta.

VÍTIMA: você é discriminado e humilhado por um ou mais colegas.

VÍTIMA: você descobriu que tem alguém em sua sala fazendo a cabeça dos outros contra você.

VÍTIMA: você é ameaçado constantemente por alguém mais forte. Na sala de aula, no pátio, no corredor, no banheiro e até fora da escola.

VÍTIMA: alguém vive zombando de você e, quanto mais se incomoda, mais essa pessoa o inferniza.

VÍTIMA: uma pessoa em sua sala de aula interrompe suas falas e debocha toda vez que você vai dar uma opinião.

VÍTIMA: alguém de sua escola está postando mensagens desagradáveis com palavrões em seu Orkut.

VÍTIMA: alguém está fazendo campanha negativa contra você na internet, com calúnias e difamações.

VÍTIMA: alguém anda inventando mentiras sobre você na escola.

VÍTIMA: alguém anda perseguindo-o e ofendendo-o com palavrões, só porque você gosta de participar mais na sala de aula.

VÍTIMA: alguém anda mexendo e roubando coisas suas.

VÍTIMA: alguém anda estragando o seu material escolar só para chateá-lo.

VÍTIMA: você é amedrontado sempre pela mesma pessoa. Ela já percebeu que você tem medo e, quanto mais medo sente, mais prazer ela tem em amedrontá-lo.

VÍTIMA: alguém anda bancando o valentão contra você e o ameaçando todos os dias.

VÍTIMA: alguém anda agredindo-o e ameaçando-o com mais agressões, se você ameaça contar para outra pessoa o que vem ocorrendo.

Cartas Espectador – Cor Amarela – Zero Ponto

ESPECTADOR: você presencia alguém infernizando outra pessoa com apelidos que a desagradam.

ESPECTADOR: você presencia alguém discriminando e humilhando outra pessoa.

ESPECTADOR: você presencia alguém planejando boicotar um amigo seu da escola.

ESPECTADOR: você presencia um aluno mais forte ameaçando outro mais fraco em vários momentos e lugares diferentes.

ESPECTADOR: você presencia as perseguições de uma pessoa para com outra com deboches e percebe que isso irrita muito a vítima.

ESPECTADOR: você percebe que uma pessoa zomba de outra e não a deixa emitir opiniões, expondo-a ao ridículo.

ESPECTADOR: você presencia uma pessoa postando mensagens a alguém de que ela não gosta, contendo palavrões e formas de depreciação.

ESPECTADOR: você presencia outra pessoa fazendo uma campanha negativa na internet contra outra pessoa que você conhece.

ESPECTADOR: você presencia alguém inventando mentiras contra outra em sua escola.

ESPECTADOR: você presencia alguém perseguindo e ofendendo outra só porque esta participa ativamente nas aulas.

ESPECTADOR: você presencia uma pessoa roubando coisas de alguém de que ela não gosta.

ESPECTADOR: você presencia uma pessoa estragando o material escolar de outra só por maldade.

ESPECTADOR: você presencia uma pessoa ameaçando constantemente outra e você sabe que a vítima tem medo do agressor.

ESPECTADOR: você presencia todos os dias um valentão ameaçando um amigo ou conhecido seu.

ESPECTADOR: você presencia alguém ameaçando uma pessoa mais fraca, para ela não contar nada sobre as agressões que vem sofrendo.

Cartas Zona de Debate Ética

Cartas Você – Cor Preta – Perde 10 Pontos

VOCÊ: você foi pego colando na prova. E agora? Qual sua atitude?

VOCÊ: você encontra um objeto perdido por alguém dentro da escola. O que você faz?

VOCÊ: você quebra uma coisa que não lhe pertence, sem querer. Qual sua atitude?

VOCÊ: você percebe que seu amigo é um grande mentiroso. O que você faz?

VOCÊ: você precisa pedir um favor a uma pessoa de que não gosta. Qual sua atitude?

VOCÊ: você pegou algo emprestado de alguém e perdeu. Qual sua atitude?

VOCÊ: você paga uma dívida a alguém com o valor abaixo do que deveria e a outra pessoa não percebe ou não se lembra do valor correto. O que você faz?

VOCÊ: você conta um segredo para alguém e descobre que tal segredo já está na boca do povo. Qual sua atitude?

VOCÊ: você faz um trabalho de escola para um amigo e ele tira uma nota mais alta do que a sua. O que você faz?

VOCÊ: numa fila, você tem a chance de ultrapassar a frente de outras pessoas que chegaram antes. Qual sua atitude?

Cartas O Outro – Cor Marrom – Vale 10 Pontos

O OUTRO: várias pessoas estão colando na prova e você vê. O que você faz?

O OUTRO: alguém quebra alguma coisa na sua frente e pede que você não conte nada. Qual sua atitude?

O OUTRO: alguém encontra um objeto perdido dentro da escola, você vê e conhece o dono. O que você faz?

O OUTRO: alguém de que você não gosta vem lhe pedir um favor que só você pode fazer. Qual sua atitude?

O OUTRO: alguém percebe que você está mentindo e quer desmascará-lo. O que você faz?

O OUTRO: alguém pede algo emprestado a você e não devolve. Qual sua atitude?

O OUTRO: alguém lhe paga uma dívida com valor maior do que deveria. O que você faz?

O OUTRO: alguém lhe conta um segredo sobre uma coisa muito grave que pode afetar a outros. Qual sua atitude?

O OUTRO: alguém faz um trabalho de escola para você e tira uma nota mais alta que a sua. O que você faz?

O OUTRO: alguém ultrapassa sua frente para levar vantagem. Qual sua atitude?

Cartas Esporte – Cor Verde – 10 pontos, junto com uma Carta Alimentos ou Leitura

ESPORTE: em qualquer esporte coletivo, a assistência é conhecida como uma forma de dar um passe ao amigo para que ele marque ponto(s). É uma das maneiras de vencer.

ESPORTE: em qualquer modalidade esportiva, o participante da competição é obrigado a se submeter às regras do jogo. Além de trazer benefícios à saúde, o esporte é muito importante para a sociedade. No jogo social, o respeito é fundamental.

ESPORTE: uma atividade dinâmica que contribui na formação do indivíduo, em seu meio social, desenvolve habilidades e proporciona equilíbrio. Assim é a Educação Física na escola: interatividade e cidadania.

ESPORTE: praticado há mais de três mil anos, nasceu por causa do exercício militar. Na Grécia Antiga, ganhou grande importância competitiva e social. Nos dois casos, o esporte sempre teve um caráter heroico. Seja herói de si mesmo, pratique esporte!

ESPORTE: os esportes olímpicos começaram em Olímpia, na Grécia, no século VII antes de Cristo. Os atletas passavam por um treinamento moral, físico e espiritual. Detalhe: em respeito a Zeus, apenas os homens podiam competir.

ESPORTE: entre centenas de esportes pelo mundo, o futebol é disparado o mais praticado. Quase 300 milhões de pessoas se exercitam com esse esporte divertido que atrai multidões.

ESPORTE: em matéria de esportes, os jogos olímpicos realmente são completos. Com mais de 50 tipos de esportes e várias modalidades, os jogos têm história e tradição.

ESPORTE: nem todos que praticam esportes se tornam atletas profissionais. Mas, se você quer ter boa saúde, deixe o esporte fazer parte de sua vida. O esporte transmite valores como respeito, solidariedade e responsabilidade.

ESPORTE: ter boa conduta no esporte é demonstrar caráter e honestidade. Aquele que pratica ações para levar vantagem e obter vitórias enganando outros age de forma antidesportiva, ou seja, não pratica ética no esporte.

ESPORTE: o esporte praticado no ambiente escolar atinge sempre os melhores resultados. O sujeito aprende a ter consciência de si mesmo e do outro. A sua vitória é a prática da cidadania.

ESPORTE: o basquete foi criado nos Estados Unidos, em 1891, por um professor de Educação Física chamado James Naismith. As cestas para marcar pontos eram improvisadas; os aros de metal, do jeito que conhecemos hoje, só foram introduzidos dois anos depois.

ESPORTE: quem trouxe o futebol para o Brasil foi o inglês Charles Miller. A primeira partida aconteceu em 1895, em São Paulo.

ESPORTE: o voleibol foi criado nos Estados Unidos, em 1895, por Willian George Morgan. Ele era professor de Educação Física e seu objetivo era criar um esporte em que não houvesse contato físico.

ESPORTE: existem três modalidades de tênis: o de quadra, praticado com raquete e bola macia de borracha; de mesa, também conhecido como pingue-pongue, praticado com raquete e bola pequena; e o *badminton*, praticado com uma peteca no lugar de uma bolinha.

ESPORTE: o futsal ou futebol de salão tem duas versões sobre a história de sua origem: a primeira é que o esporte foi inventado, em 1899, em São Paulo e a segunda, em 1900, em Montividéu, capital do Uruguai.

ESPORTE: as categorias esportivas estão divididas em duas: coletiva e individual; ambas podem ter interação ou não com adversários.

ESPORTE: a prática de artes marciais ou esporte de contato corporal, a exemplo do judô ou do kung fu, além de ser saudável e desenvolver o físico, também ensina o respeito e a disciplina.

ESPORTE: o handebol é uma espécie de futebol de salão jogado com as mãos. Sua prática é muito dinâmica e exige muita habilidade. A bola é mais leve para caber nas mãos e o jogador tem um tempo limitado para ficar com ela.

ESPORTE: a natação é um dos esportes mais completos que existem, mas sua prática requer certos cuidados: fazer uma boa alimentação, além de ter orientação e lugares corretos para praticá-la.

Cartas Alimentos – Cor Roxa – 10 pontos, junto com uma Carta Esporte ou Leitura

ALIMENTOS: uma má alimentação compromete o bem-estar do corpo, diminui a capacidade de resistir aos vírus e às doenças, além de não repor a perda de energia corporal que necessitamos para viver.

ALIMENTOS: desde que a humanidade surgiu, a alimentação está ligada à sobrevivência. Nós, seres humanos, fomos e vamos nos adaptando aos alimentos conforme a região, a cultura e a necessidade. Sem alimentação não há vida.

ALIMENTOS: nossos hábitos alimentares surgiram da capacidade de cultivar os alimentos e transformá-los; além de domesticar os animais para nos servir de comida. A variedade deles está ligada aos modos de vida, tão diferentes no mundo.

ALIMENTOS: os alimentos se transformam e são fontes de energia para o nosso corpo. É através da alimentação que o organismo mantém a estrutura corporal saudável. Para que isso aconteça, é necessário haver um equilíbrio: nem comer demais, nem deixar de comer.

ALIMENTOS: o carboidrato produz energia para o corpo. Suas principais fontes são os açúcares, presentes nas farinhas, massas, feijão, frutas e em vários outros alimentos. Age rapidamente no corpo após a ingestão, mas da mesma forma se esgota em algumas horas.

ALIMENTOS: indispensáveis para o nosso corpo, as proteínas são o combustível de nossas células. Ajudam no crescimento, na regeneração dos tecidos e dos músculos.

ALIMENTOS: as vitaminas fazem parte dos alimentos e só através do consumo deles podemos ter saúde e evitar doenças.

Encontramos vitaminas em verduras, legumes, frutas, cereais e outros.

ALIMENTOS: nosso corpo é composto em grande parte de água. Ela é fundamental na reprodução das células, além de eliminar toxinas, sujeira e gordura de nosso organismo. Os alimentos contêm água, mas é importante bebê-la diariamente.

ALIMENTOS: os sais minerais estão contidos na água e em alimentos como leite, verduras, feijão, cereais e outros. Entre os minerais mais conhecidos, temos: ferro, zinco, magnésio, potássio e cálcio.

ALIMENTOS: para manter o nosso corpo saudável é necessária uma alimentação balanceada. Variar cores e sabores é sempre bom. Carnes, aves, peixes, vegetais, frutas, cereais, além de massas e, o preferido dos brasileiros, o arroz com feijão.

ALIMENTOS: a água é essencial para o nosso corpo. Ela é responsável por levar os nutrientes para as células; além de limpar todas as toxinas também regula a temperatura corporal.

ALIMENTOS: os alimentos devem estar bem limpos antes de serem consumidos. Algumas frutas, legumes e verduras devem ser bem esfregados e limpos com soluções, além de serem lavados com água.

ALIMENTOS: todo alimento tem um tempo certo para ser consumido. Com os naturais devemos ficar atentos quanto à aparência e o sabor. Nos industrializados, todos devem informar a data de validade na embalagem.

ALIMENTOS: você conhece a frase: "Você é o que você come"? Saiba que ela é verdadeira. O seu corpo é resultado de sua alimentação. Faça uma dieta equilibrada e seu corpo será mais saudável.

Cartas Leitura – Cor Cinza – 10 pontos, junto com uma Carta Esporte ou Alimentos

LEITURA: ler não é só decifrar ou decodificar símbolos, mas interpretar e compreender um conteúdo. Aprendendo o sentido do texto, nos transportamos e nos transformamos dentro do mundo, seja em histórias reais ou imaginárias.

LEITURA: a leitura faz parte de uma reflexão. A cada coisa nova que lemos, adquirimos mais cultura e capacidade de raciocínio. Ler é ter sempre a ganhar.

LEITURA: ler é descobrir novos horizontes na vida. A leitura melhora nosso vocabulário e nos faz viajar num maravilhoso mundo de histórias.

LEITURA: ler é poder! Poder aprender melhor, poder pronunciar bem as palavras, poder melhorar a comunicação e poder crescer como pessoa.

LEITURA: é possível conhecer o mundo e se conhecer ao mesmo tempo? Sim! Através da leitura, a gente aprende, se emociona, imagina, vivencia histórias, se torna mais criativo e conhece lugares que só os livros podem nos levar.

LEITURA: o primeiro registro do homem foi escrito nas paredes das cavernas. Ele desenhava as coisas que via e fazia em seu dia a dia: a lua, o sol e a caça aos animais. Os primeiros livros não tinham letras, mas somente desenhos, como nas paredes das cavernas.

LEITURA: o primeiro livro impresso do mundo foi a Bíblia, em latim. Em 1455, Johannes Gutenberg inventou a imprensa. Usando tipos (daí o nome tipografia), ele revolucionou toda uma época, porque nesse período poucos tinham acesso aos livros.

LEITURA: primeiro o homem usou tabuletas de argila e pedra. Depois vieram os papiros (extraídos de uma planta), os pergaminhos (de couro de animais) e por fim o papel (da celulose). Opa, por fim não! Hoje em dia já existe o livro eletrônico.

LEITURA: aventura, ficção, romance, terror, autoajuda, infantil, de medicina, didático, de piadas, de poemas, de histórias reais, de palavras sem gravuras, de desenhos sem palavras, só de imagens. Livro é assim, começa com uma ideia.

LEITURA: aprendizado, formação, passatempo, divertimento e renovação. Ler é estar conectado com o pensamento em todos os momentos.

LEITURA: a leitura nos ajuda até em uma boa noite de sono. Crie o hábito de ler algo agradável antes de dormir. Você adquire mais conhecimento e descansa mais tranquilo.

LEITURA: o hábito da leitura só nos traz vantagens: estimula o cérebro, a criatividade, além de melhorar muito o raciocínio lógico.

LEITURA: o prazer de ouvir histórias e praticar leitura não tem idade. Quem ouve histórias também pode contar. Os livros são amigos para a vida toda!

LEITURA: 12 de outubro é uma data muito especial! É o Dia Nacional da Leitura e também o Dia das Crianças. Leia, imagine, comemore, divirta-se e aprenda com as letras.

Carta *Antibullying – Cor Dourada – carta da vitória*

Parabéns, você é o ganhador desta rodada! *Antibullying*, espalhe essa ideia!

Bibliografia

BEAUDOIN, Marie-Nathalie; TAYLOR Maureen. *Bullying e desrespeito*: como acabar com essa cultura na escola. Porto Alegre: Artmed, 2006.

CHALITA, Gabriel. *Pedagogia da amizade*: *Bullying:* o sofrimento das vítimas e dos agressores. São Paulo: Editora Gente, 2008.

FANTE, Cleo. *Fenômeno bullying*: como prevenir a violência nas escolas e educar para a paz. 2. ed. Campinas/SP: Veros Editora, 2005.

FONSECA DE CARVALHOSA, Susana; LIMA, Luísa; GASPAR DE MATOS, Margarida. *Bullying*: a provocação/vitimação entre pares no contexto escolar português. Lisboa: Faculdade de Motricidade Humana/Universidade Lusófona de Humanidades e Tecnologias, 2001.

MALDONADO, Maria Tereza. *A face oculta*: uma história de bullying e cyberbullying. São Paulo: Saraiva, 2009.

PEREIRA, Beatriz Oliveira. *Para uma escola sem violência*: estudo e prevenção das práticas agressivas entre crianças. Fundação Calouste Gulbenkian, 2002.

SILVA, Ana Beatriz Barbosa. *Bullying*: mentes perigosas na escola. Rio de Janeiro: Editora Fontanar, 2001.

Endereços eletrônicos

<http://www.bullying.org>
<http://www.revistaescola.abril.com.br>
<http://www.aprendersemmedo.org.br>
<http://www.eduquenet.net.>
<http://www.criancamaissegura.com.br>

Para mais informações: Abrapia – Associação Brasileira Multiprofissional de Proteção à Infância e à Adolescência. Disponível em: <http://abrapia.org.br>.

Anotações

Anotações

Anotações

Impresso na gráfica da
Pia Sociedade Filhas de São Paulo
Via Raposo Tavares, km 19,145
05577-300 - São Paulo, SP - Brasil - 2014